Das Bewusstsein des Ortes

Das Bewusstsein des Ortes

Kashef Chowdhury

QUART

Unabhängig von unserer Einwirkung oder Intervention führt unsere Auseinandersetzung mit Orten fast nie zu Einklang. Nur wenn wir das Tempo drosseln und der tiefen Stille lauschen, können wir die Erinnerungen und Wünsche eines Ortes wahrnehmen.

Eindrücke

Vortrag anlässlich der alle drei Jahre stattfindenden Konferenz der Commonwealth Association of Architects in Dhaka, Februar 2013; zuvor veröffentlicht in *Architectural Review* – Sonderausgabe zu Kashef Chowdhury / URBANA, Dezember 2013.

Das Gefühl im Delta zu sein: heiss, feucht, windig, Moskitos. Grüne Tupfer in einem Meer aus Grüntönen. Schau hinauf und erblicke den Ozean in den Wolken. Grau, Weiss, die Farben der Sonne.

Flussinseln im Jamuna, Nordwesten von Bangladesch

Sonne. Dieses schöne Licht, an das ich mich noch aus meiner Kindheit erinnere – die Strahlen der Nachmittagssonne auf dem goldenen Stroh. Ich erinnere mich an den Geruch. Ich erinnere mich an den Klang des Strohs.

Als ich sagte, dass ich den Regen, die Sonne und alles dazwischen liebe, meinte ich damit, dass ich bauen wollte, um den Regen, die Sonne und alles dazwischen genussvoll erleben zu können. Und wo, wenn nicht hier, in der Heimat des Brahmaputra und des Jamuna, die sich in der weichsten Erde vereinen, feucht wie der Mutterschoss?

Jenseits des Schattens des Himalayamassivs trifft das weltgrösste Delta auf die Gewässer des Golfs von Bengalen. Das ist Bengalen, eine aus einem verschlungenen Netz von Flüssen und Kanälen gewobene geokulturelle Region, auf welche alle Kunstformen antworten: von den gefühlvollen Bhawaiya-Liedern über die farbenfrohen Stickereien der Nakshi-Kantha Textilien bis hin zu der lebendigen und der verlorenen Architektur des Deltas.

 Mohammad Kibria, ohne Titel, 2006

Einen Grossteil meiner Kindheit verbrachte ich am Ufer des Padma, der sein Wasser aus dem Ganges bezieht. Meine Erinnerungen an diese Gewässer, an die Wolken – sowohl jene über als auch jene in der Spiegelung des Wassers – lassen sich kaum in Worte fassen. Und dann die feinste und weichste aller Erden: das Schwemmland, wo der Boden noch feucht ist vom zurückweichenden Wasser. Doch es ist nicht nur die Wirkung dieser Elemente. Für mich ist ein Fluss niemals gleich; ebenso wenig der Regen; oder die Dunkelheit vor einem Monsunsturm. Die Spiritualität dieses Landes hat mich für alle Zeit verändert.

 Mündungsgebiet Hakaluki Haor, Nordosten von Bangladesch

Das tropische Licht bringt uns der Landschaft Bengalens näher. Die Kraft des Sonnenlichts enthüllt die Schönheit der Natur. Es fällt auf Berge, Reisfelder und Bäume; der Rest ist verschüttetes Licht – verlorenes Licht. Der Architekt lässt dieses verschüttete Licht durch die Gestaltung von Öffnungen in das tiefste Innere seiner Architektur dringen. Er verleiht ihm Form, lässt es spielen oder hindert es daran, Schatten auszulöschen. Denn nur mit der Dunkelheit des Schattens geht die Wertschätzung des Lichts, der Farbe des Lichts, der Tiefe des Lichts einher.

 Chandgaon-Moschee, Chittagong

Hast du schon einmal die Tiefe von Kahns Licht wahrgenommen? Kahn taucht das Parlamentsgebäude in Dhaka in silbriges Licht; es ist verspielt wie das Wasser, aus dem sich das Gebäude erhebt. Kein Raum wurde jemals anmutiger beleuchtet als jener, den das magische Licht *seiner* tropischen Sonne erhellt.

Ich suche den Schatten. Unter einem Banyanbaum, hinter einer Säule oder im Schutz einer dunklen Wolke. Warst du schon einmal im Wald, in einem Tempel oder auf einem Dorfplatz?

Schatten vermögen die Gegenwart des Lichts auf wunderbare Art und Weise zu zelebrieren. Sie scheinen zu sagen: «Wir verbergen nicht; unsere Aufgabe ist es, zu enthüllen.»

Zu oft bekommen wir nackte, sonnenverbrannte, nur mit einem Glasvorhang verkleidete Gebäude zu Gesicht. «Was soll das?», frage ich. Wir sollten den Schatten nicht verbannen. Sonst bleibt nur blasses, totes Licht. Uninspirierendes. Unnötiges.

Ich ziehe mich in die Behaglichkeit des Schattens zurück, den das Licht mit sich bringt.

Materialien? Stellt mir keine Fragen zu Materialien. Ich lausche noch immer der Geschichte der lehmigen Erde – Jahrmillionen, bevor ihr sie freigelegt, geformt und gebrannt habt. Zu Ziegelsteinen oder für Terrakottatempel. Ich möchte mehr darüber erfahren. Und ich möchte lernen, sie sorgfältig zu handhaben. Wie Gold in den Händen eines Goldschmieds. Und ach! Die Texturen, die Unvollkommenheiten, das Gefühl, die Lockungen.

Das Gebäude benötigt kein Ornament. Das Material *ist* das Ornament.

 Detail, Agarpur-Moschee, Barisal

Eine Zeit lang dachte ich, ich könnte nicht in der Stadt leben. Sie war zu mächtig. Zu viel Geschehen in zu wenig Zeit. Dann wurde mir klar, dass es möglich ist, sich in einer Stadt einen eigenen, geheimen Raum zu schaffen. Jenseits der Hektik, die andernorts herrscht. Mit einem eigenen Tempo. Einer eigenen Zeit.

Zeit.

Stimmt es, dass es ohne die Bewegung der Sonne keine Zeit gäbe? Oder wird sie in einer Schweizer Uhr oder einer japanischen Pendeluhr festgehalten? In meinen Gebäuden lasse ich die Zeit gerne aussen vor. Ich spüre, dass das eine Reihe anderer Dinge aussen vor lässt: Stile, Trends, Ismen etc.

Ich bin der effizienten Gebäude überdrüssig. Gebäude, die einem keinen Moment zum Innehalten, zum Nachdenken, zum Wünschen, zum Erinnern gewähren. Gebäude, die gut funktionieren, besser als erhofft, einem sonst aber nichts bieten. Im Falle eines Büros oder eines Bahnhofs – in Ordnung. In einem Haus oder angesichts der Kunst in einer Galerie strebe ich jedoch nach einem Verlust der Zeit.

Abwesenheit von Zeit.

Dann eröffnet sich die Möglichkeit, Gelassenheit einkehren zu lassen. Und Stille. Die Stille eines Windhauchs. Die Stille tiefen Schlafs. Die Stille eines Raums.

Meine Arbeit hat mich früher verwirrt. Aber diese Verwirrung war wichtig. Ich spüre, dass aus der Verwirrung die Entdeckung, die Wahrheit entspringt. Ich trinke einen Schluck aus der Brühe meiner sieben- oder zehntausendjährigen – ja, zehn*tausend*jährigen – Geschichte und fühle mich wieder lebendig. Der Mythos, das Geheimnis, die Mystik. Das Gefühl, die Philosophie, das Chaos, die Romantik. Ja, ich bin verliebt in die bengalische Lebensart. Lausch mit mir eine Stunde lang der Sarod und du wirst verstehen, was ich meine. Aber stell mir keine Fragen zu meiner Arbeit, denn ich schaffe aus Liebe zur Kunst. Und stell mir keine Fragen zur Gegenwart oder Zukunft – ich kenne weder das eine noch das andere.

 Mönchszelle, Kloster Vasu Vihar, Bogra, 7.–8. Jahrhundert n. Chr.

Vom Raum zur Stadt: Natur, Kultur und weitere Kapitel

Hauptvortrag im Rahmen der Indian Institute of Architects Convention in Kolhapur, Mai 2012.

Die Franzosen haben ein Wort, das als Adjektiv – *immobile* – unbeweglich bedeutet, als Substantiv – *immeuble* – aber ein Gebäude bezeichnet. Darin liegt das wahre Wesen der Architektur: Wenn Architektur eine Kunstform ist, dann eine unbewegliche.

Im Gegensatz zu den meisten anderen Kunstformen – von der Literatur bis zum Film, von der Malerei bis zur Musik – kann die gebaute Architektur nicht an einer Wand ausgestellt, in ein Archiv aufgenommen oder einfach transportiert werden. Von wenigen Ausnahmen abgesehen, ist die Architektur für immer mit dem Ort verbunden, an dem sie steht. Und mit seinem Klima, seinem Wind, seinem Licht, seiner Flora und Fauna und seinen Menschen.

Architektur ist menschgemacht, Natur nicht. Die Natur kann keinc Architektur erschaffen, genauso wenig wie der Mensch Natur erschaffen kann. Für seine Gärten nimmt der Mensch Anleihen bei der Natur, mit seinen Dämmen verändert er den Lauf der Natur, aber in Wahrheit kann der Mensch die Natur nicht erschaffen.

Unsere Erkundung zu den Möglichkeiten der Architektur, sich überall anzusiedeln, muss mit dem vollständigen und uneingeschränkten Bewusstsein für die Tatsache beginnen, dass Architektur nicht von der Natur abgekoppelt werden kann. Und wenn wir dies voraussetzen, müssen wir dem Studium und der Erforschung der Natur ebenso viel Aufmerksamkeit schenken wie der Architektur.

 Chandgaon-Moschee, Chittagong

Diese Beziehung zwischen Natur und Architektur ist allzu oft jedoch weniger magisch als vielmehr konfliktreich. Vor vielen Jahren habe ich ein Interview mit einem berühmten japanischen Architekten gelesen. Er sprach über seine Gefühle zu einem Stück Land, bevor er darauf ein Gebäude errichtete. Er beendete seine Gedankenkette mit den Worten: «und das Land war bereit für das Gebäude». In diesem Moment wurde mir schlagartig bewusst, dass kein Stück Land jemals bereit sein wird für ein Gebäude. Die Natur gedeiht aus sich selbst heraus und strebt weder nach der Platzierung eines Objekts auf ihrem Grund und Boden noch ist sie darauf angewiesen. Es ist der Mensch, der für seine Zwecke Objekte in die Natur, auf deren Grund und Boden stellt; und diese Last wird durch den einfühlsamen Eingriff sensibler Architekturschaffender lediglich abgemildert – niemals aber aufgehoben.

Und doch gibt es Beispiele für viele ältere Kulturen, die ihrem Land grosse Ehrfurcht entgegenbringen. Die australischen Aborigines fühlen sich untrennbar mit dem Land verbunden. Die spirituelle Verbindung zwischen dem Menschen und seiner Vorfahrenschaft durch das Land und seine Tierarten impliziert, dass die Verbindung zu einem bestimmten Stück Land nicht gekappt oder auf einen anderen Ort übertragen werden kann. Für die Aborigines ist Land etwas, das nicht gekauft oder verkauft werden kann – das Land ist eine Quelle ihrer Identität. Nach ihrem Verständnis muss ein neues Bauwerk, selbst eine Lichtung im Wald, erst vom Geist des Ortes akzeptiert werden; zu diesem Zweck führen sie aufwendige Rituale durch, an denen ich selbst teilgenommen habe.

Eine ähnliche, wenn nicht noch intensivere Verbindung mit der Natur existiert in den Klöstern und Gärten Japans. Man verbringt Lebenszeiten damit, sich durch Meditation und tiefe Rücksichtnahme auf die Natur in das Erstellen und die Gestaltung solcher Räume einzuarbeiten. Ziel ist es, durch eine intime Begegnung mit der Sinnlichkeit und Sensibilität dieser gestalteten Räume und Orte einen einmaligen Erlebnismoment zu schaffen.

Hier in Indien hat man im Laufe der Jahrtausende viel Feingefühl in Bezug auf die Architektur von Tempeln oder profanerer Bauten in der Landschaft bewiesen. Es gibt immens viel zu lernen von der bescheidenen Architektur der Dörfer und Provinzstädte dieses Landes, in denen die Natur in den schattigen Innenhöfen, farbenfrohen Strassen oder auf dem informellen Dorfplatz rund um den Banyanbaum allgegenwärtig ist.

Die Beziehung zwischen Mensch und Natur ist vielfach hoch emotional, ebenso wie das empfindliche Verhältnis zwischen Natur und Architektur.

Der Vorteil der Natur

Der Mensch ist verliebt in die Natur. Kaum ein Mensch wurde nicht auf die eine oder andere Weise von der Schönheit der Natur berührt. Schönheit der Natur. Es ist ziemlich erschreckend, wie dieses Wort – Schönheit – fast von unserem Schirm und aus unserem Diskurs verbannt wurde. Diskussionen über Ästhetik werden fast immer mit einem Potpourri aus komplizierter Terminologie bombardiert, und doch gelingt es diesen Begriffen nicht, in uns jene Emotionen zu wecken, die dieses kleine Wort hervorruft.

Hast du schon einmal eine hässliche Landschaft gesehen? Wenn man von Naturkatastrophen absieht, ist die Natur ausnahmslos schön. Die Erfahrung dieser Schönheit sensibilisiert uns, und die Interaktion mit der Natur befreit uns von der Anspannung und dem Stress unseres zunehmend hektischen Lebens.

Warum sonst strömen wir in jene Resorts, die wie Pilze aus der unberührten Landschaft schiessen? Jenseits der Hektik der Stadt versuchen wir, unser System zu bereinigen, uns zu verjüngen – wenn das denn möglich wäre. Doch Stress ist wie ein Schimmelpilz: Er verschwindet in den wenigen Tagen des Aufenthalts in der Natur nicht einfach, und setzt sich nach der Rückkehr in das schnelllebige Chaos nur umso tiefer fest.

Wenn das also der Fall ist, schlage ich vor, dass wir unsere Wohnungen und Arbeitsplätze in Refugien verwandeln. Ich meine das natürlich nicht im wörtlichen, sondern im räumlichen Sinne – durch die Wärme und das Ambiente der Architektur und die Atmosphäre, die diese erzeugt. Wenn wir dies schon nicht bei unseren Arbeitsplätzen tun können, dann sollten wir wenigstens unsere Wohnungen und Freizeiträume als Horte der Ruhe und Gelassenheit betrachten, in denen man die Vorteile der Einsamkeit und Stille erfahren kann. In einer solchen Umgebung kann die Natur Einzug halten und sich durchsetzen; in einer solchen Architektur kann der Mensch in tiefer Verbundenheit mit der Natur zu sich selbst finden – trotz des Alltags und seinen Tücken.

Oftmals hat man den Eindruck, dass Grün mit Natur gleichgesetzt wird. Es steht ausser Frage, dass Vegetation, Pflanzen und Wälder ein nachhaltiges Bild der Natur vermitteln, aber auf begrenzten, beengten städtischen Grundstücken ist es vielleicht nicht immer möglich, Grün in einem sinnvollen Umfang oder auf adäquate Weise zu integrieren. Zierpflanzen oder Pflanzgefässe sind lediglich, was sie sind: Dekoration. Sie bringen weder die Schönheit oder den Geist der Natur zum Ausdruck noch bieten sie die Vorteile von Schatten oder Kühle. Es gibt aber noch andere natürliche Elemente – Sonnenlicht, reflektiertes Licht und Halblicht; Luft, Brise, Regen, Wasser und Feuer. Und ist es nur ein einziges Element – sagen wir: Wasser –, so verlangt es nach akribischer Feinstarbeit und Sensibilität. Vielleicht gibt es kein besseres Beispiel als das, was der Schweizer Meisterarchitekt Peter Zumthor mit seiner Therme in Vals geschaffen hat. Wasser, von schweren Steineinfassungen gehalten oder vom Licht sanft umschmeichelt, wird kostbarer als flüssiges Gold.

 Brunnen im Innenhof, Pavilion Apartment, Dhaka

Und wenn nur für einen einzigen Baum Platz vorhanden ist, dann sollte es einer sein, der duftende Blüten trägt oder Vögel anlockt. Wenn wir uns nur ein Stück Rasen leisten können, dann belassen wir ihn natürlich, damit die Kinder das Gras unter ihren nackten Füssen geniessen können. Und wenn unsere Gebäude nicht in der Stadt, sondern in der Weite der Landschaft stehen, sollten wir sie mit Bedacht entwerfen. Damit wir uns nicht selbst verwirren: Die Landschaft dient nicht dem Gebäude, vielmehr ist das Gebäude der Landschaft untergeordnet.

Das Wunder des Inneren

Ist der Gedanke nicht faszinierend, dass es in der Natur kein «Inneres» gibt? Ja, es gibt Höhlen, aber Höhlen sind Aussenräume, die nach innen streben, oder – wenn man so will – Aussenräume ohne Licht. Selbst wenn man die Höhlen miteinbezieht, ist Natur im Wesentlichen ein «Aussen»-Phänomen.

In einer Landschaft sind die Wolken das Dach des grossen Aussenraums, die Flüsse sind seine Brunnen, die Felsen und Bäume seine Möbel. Er ist das Atelier der Impressionisten, eine Halle für Athleten und ein Studierzimmer der Wissenschaft. Alle Wesen der Natur leben in diesem grossen Raum unter freiem Himmel.

Aber der Intellekt des Menschen entschied sich anders. Wer weiss, was den ersten Baumeister dazu inspiriert hat, die – heute mythische – Urhütte zu errichten? Es war der Versuch des Menschen, sich einen eigenen Raum im grossen Raum der Natur zu erschaffen. Im Wesentlichen war sie ein Raum innerhalb des grossen Naturraums, und sie barg den Keim des ersten menschgemachten Innenraums.

Die Urhütte verbreitete sich schliesslich, diente sie doch vielen als Unterkunft. Und aus funktionalen Bedürfnissen entstanden die erste Wand, das erste Fenster etc. Aus der ursprünglich pavillonartigen Struktur entwickelte sich ein erster Innenraum. Und in dem Zuge geschah etwas Magisches: Mit dem ersten geschlossenen Raum kam der erste erzeugte Schatten, die erste dunkle Ecke. Wie erholsam muss diese Ecke gewesen sein. Sie diente zum Schlafen oder zur Heilung der Kranken. Auf diese Weise wählten die Räume ihre Funktion und der Mensch reagierte darauf mit seiner Nutzung.

Diese ersten Inspirationen existieren noch heute: Die Form des Pavillons ist der Musse zugedacht und lässt die Natur am freiesten wirken. Der dunkelste aller Räume ist das Schlafzimmer – wo der Schatten den Schlaf einleitet und das erste Licht, das durch das Fenster fällt, den neuen Tag einläutet. Der Geist des Innenraums hat sich nicht verändert.

Aber jede Wand, die den Innenraum begrenzte, hatte auch eine Aussenfläche – ihr Gesicht zur Natur hin –, und diese musste geschützt werden. So wurden Dachvorsprünge und Fenster zu Schattenspendern. Und in seinem unerschöpflichen Streben, sich auszudrücken, betrachtete der Mensch seine Hütte nicht mehr bloss als Unterschlupf, sondern als ein Objekt im grossen Aussenraum. So setzte das erste Studium von Form und Ausdruck ein – eine Tätigkeit, die den Menschen bis zu seinen letzten Tagen auf Erden beschäftigen wird.

64 Louis Kahn, Dachterrasse der Bibliothek, Phillips Exeter Academy, Exeter

Das Haus ist ein einzigartiger, wichtiger Meilenstein in der Geschichte der Architektur. Der Entwurf eines Hauses vermag der inspirierendste Auftrag für Architektinnen und Architekten zu sein. Denn das Haus ist wie ein Kosmos – es trägt all die Komplexität des menschlichen Lebens in sich und bewahrt doch den Keim der menschlichen Inspirationen.

Das Haus hat für eine Familie dieselbe Bedeutung wie die Familie für ein Kind. Und das Kind birgt die Geheimnisse der nächsten Erfindungen, des gesamten Fortschritts der Menschheit. Daher ist das Haus mit Abstand das wichtigste Gut eines Kindes – und in Fortführung dessen auch unserer diversen Zukünfte.

Das Haus ist eine Familie von Räumen. Wie eine Familie versammeln sich die einzelnen Räume um den Herd – das Wohnzimmer – oder den Esstisch, das Esszimmer. Es könnte auch ein Innenhof sein, in dem ein Baum oder ein Brunnen steht. Insofern ist das Haus ein engmaschiges Netz von Räumen. Jahrtausende lang war das Usus in unseren Dörfern, in unserer Kultur. Doch jetzt erfährt das Haus, wie wir es kennen, eine Veränderung.

Mit dem Wandel unseres Lebensstils geht eine Fülle von Räumen einher. Um den Herd versammeln sich nicht mehr nur die Räume der Familie, es sind viele weitere hinzugekommen. Das Haus beherbergt sie alle, in dem ausufernden Innenraum scheint die – physische und emotionale – Bindung jedoch ein für alle Mal zu verschwinden.

Unserer Erfahrung nach ist in der Architektur mehr nicht unbedingt mehr. Die Innenräume der grössten Projekte sind nicht zwangsläufig die grossartigsten, noch beziehen sie das öffentliche Leben in vollem Umfang ein. Wie in unseren Häusern so müssen wir auch in unseren Museen und Geschäftsräumen das optimale Gleichgewicht zwischen Massstab und Raum, Monumentalität und Intimität herstellen. Dem Innenraum kommt jedoch weitgehend eine kulturelle Funktion zu – ein Thema, auf das ich später zurückkommen werde.

Architektonische Innenräume verlangen der Architektenschaft grösste Sorgfalt ab. Hier kann man einen Türknauf berühren, barfuss umhergehen oder einfach in Gedanken versinken. Das Auge sucht nach Details, an denen es sich festhalten kann, und sei es auch nur für einen flüchtigen Moment, und schon sind die taktilen und olfaktorischen Sinne aktiv.

 Gusseiserne Sichtblenden, Concrete Mosque, Chittagong

Der Blick auf die Natur aus dem komfortablen Innenraum ist ein Luxus der Könige. Unsere Paläste und Festungen liefern viele Beispiele dafür. Unsere neuen Gebäude kommen in den Genuss von Glas. Wenn es ein faszinierendes Material gibt, dann dieses. Es ist hauchdünn und hat doch so viel zu bieten, während es gleichzeitig unsichtbar bleibt. Grosse Fenster bringen die Natur direkt in unsere Innenräume. Wir sind geschützt, können jedoch mit der Natur eins sein. Zumindest scheint es so.

Mit dem Glas gingen die Klimaanlagen einher, und wir waren für immer von der Brise, dem Geruch des ersten Monsunregens oder dem Gesang bekannter wie unbekannter Vogelarten getrennt. Wir liebten die Natur weiterhin – aber aus der Distanz. Und diese Distanz wird zunehmend grösser.

Wann bist du zum letzten Mal barfuss durchs Gras gelaufen? Oder hast den Regen auf deinem Gesicht gespürt? Diese Trennung ist jedoch nicht unsere Erfindung, sie ist geborgt. Sie hat ihren Ursprung in kälteren Ländern, und doch übernehmen wir sie, als wäre sie die unsere. Die Zeit ist reif für eine Umkehr.

Öffnen wir unsere Innenräume nach aussen, lassen wir unsere Architektur wieder eins mit der Natur werden. Lassen wir das Äussere nicht dort aufhören, wo das Innere beginnt. Wir sollten es willkommen heissen. Füllen wir unsere Innenräume mit Licht und der zeitweiligen Brise, füllen wir sie mit den Düften unserer Blumen. Lasst uns den Regen nicht nur sehen, sondern auch hören, und lasst uns ihn nicht nur hören, sondern manchmal auch in ihn eintauchen. Lasst uns die Schätze des Schattens und der altbekannten dunklen Ecke bergen.

Und wenn wir Licht hineinbringen, dann soll es zu unserem Licht werden. Wenn wir Räume entwerfen, sollen es Räume nach unserer Art sein. Und wenn wir Räume für Menschen schaffen, dann sollen sie nach unserem Geschmack sein, sie sollen den Nerv unserer Kultur treffen.

Die Freude an der Kultur

Gebeutelt ist ein Volk, dessen Kultur oberflächlich ist.

Hier in Indien ist ein Leben ohne Kultur nur schwer vorstellbar. Von der Geburt über die Hochzeit bis zum Tod, vom Verlauf der Jahreszeiten über die Festtage bis hin zu unserer Lebenseinstellung dominiert die Kultur das indische Leben und Wohnen. So sehr, dass der gewöhnliche Inder, die gewöhnliche Inderin womöglich nicht in der Lage ist, die kulturellen Komponenten eindeutig vom Alltagsleben zu trennen – derart eng sind sie miteinander verwoben.

Aber das ist in der Tat aussergewöhnlich. Dasselbe lässt sich vermutlich nicht von vielen anderen Gesellschaften behaupten, ist die Kraft der Kultur doch nicht überall auf der Welt gleich ausgeprägt.

In vergleichsweise neueren Siedlungsräumen wie den USA hat die Verschmelzung diverser Kulturen zu noch neueren Kulturen geführt. Für uns ist die Kultur jedoch scheinbar so alt wie der Mond, sie hat sich tief in den Strukturen des gesellschaftlichen Lebens verankert, und zwar in mehrerlei Hinsicht, als uns bewusst ist.

Folglich ist es unmöglich, den Einfluss der Kultur auf unsere Kunst zu ignorieren. In der Architektur ist die Funktion der Kultur hingegen komplex – und daher schwer greifbar. Es kann entsprechend irreführend sein, der Kultur physische architektonische Attribute zuzuschreiben, selbst wenn dies nur ansatzweise geschieht.

Die Baukultur ist für Architekturschaffende hingegen leichter verständlich. Indien hat ein jahrhunderte-, wenn nicht gar jahrtausendealtes Bauerbe. Von Erdhütten bis zu hoch aufragenden Zitadellen aus Stein haben wir eine ganze Bandbreite an Wissen und Erfahrung im Bereich des Bauens angehäuft.

Und sich von dieser reichen Baukultur inspirieren zu lassen, bedeutet Wasser aus den tiefsten Gletschern zu schöpfen – es ist das älteste und zugleich frischeste Wasser. Wenn wir uns von unserer Baukultur inspirieren lassen, gilt es aber auch, äusserst vorsichtig zu sein, um nicht dem Kitsch anheim zu fallen. Das Volkstümliche gehört zum Volkstümlichen, nicht zum Zeitgenössischen – es zu kopieren, hiesse, ihm den Lebensatem zu rauben. Inspirierte Architektinnen und Architekten müssen ein- und ausschliessen, auswählen und destillieren, denn neue Architektur, die vom Goldstaub der Geschichte und dem Geist des Alltäglichen umweht ist, stellt ein einzigartig aufregendes Phänomen dar.

Überall auf der Welt finden sich wunderbare Bauwerke, die von der Baukultur des jeweiligen Ortes inspiriert sind. Das sorgt – in Übereinstimmung mit Framptons Vorschlägen in seinem «Kritischen Regionalismus» – nicht nur für innere Stärke, sondern überwindet auch die Banalität eines sogenannten «zeitgenössischen» Stils, der keinerlei spezifischen Ursprung hat, sich aber grenzenlos ausbreitet. Und dafür gibt es kein besseres Beispiel als die Werke eines der grössten Architekten unserer Zeit, Álvaro Siza Vieira, in Portugal.

Die schlichte geweisste Oberfläche portugiesischer Dorfmauern wurde von Siza auf eine transzendente Ebene gehoben. Das Alltägliche wird zu etwas Besonderem, in seinen Händen verwandelt sich das Vernakuläre in etwas Zeitgenössisches.

Doch dieser grundlegende Wandel in der portugiesischen Architektur ist nicht allein Siza zuzuschreiben. Er lernte von Fernando Távora und war Mentor von Souto de Moura, der selbst zu einem veritablen Impulsgeber der portugiesischen Szene wurde. Und ist es nicht interessant, dass diese drei Architekten aus unterschiedlichen Generationen ihre Büros in drei Stockwerken desselben Gebäudes hatten? Das ist ihr Zusammenhang, das ist ihre Revolution.

Wenn es in Indien eine Revolution der architektonischen Kultur geben soll, so muss sie von starken Kräften getragen werden, unterstützt von anderen mit vergleichbar starker Entschlossenheit. Vereinzelte, unverbundene Bemühungen werden kein ernstzunehmender Anstoss für Veränderungen sein.

Gesellschaft der Gebäude

Die Gesellschaft ist ein Zusammenspiel von vielen. Hier wird der Wille der oder des Einzelnen durch das Gemeinwohl ersetzt.

Die Gesellschaft ist mehr als die Summe ihrer Bürgerinnen und Bürger. Die Gesellschaft dient allen, die sich in ihr zusammenfinden, und richtet ihre Aufmerksamkeit nicht nur auf das Individuum. Architekturschaffende sind jedoch Individuen, und Architektur entspringt in vielen Fällen einer individuellen Urheberschaft.

Und wenn es darum geht, Architektur für eine Gesellschaft zu kreieren, so gleichen sich nicht alle Architektinnen und Architekten – weder in Bezug auf ihr Talent noch ihre Inspiration oder ihre Zielsetzung. Daher spiegeln nicht alle für das Gemeinwesen errichteten Gebäude zwangsläufig die Kultur oder die Bestrebungen dieser Gesellschaft in angemessenem Masse wider. Die Realität sieht leider ganz anders aus.

Unserer öffentlichen Architektur mangelt es allerorten an der Fähigkeit, ihre Bürgerinnen und Bürger zu inspirieren. Vielfach sind diese Bauten bestenfalls stumm, schlimmstenfalls sind sie ihnen fremd.

Deshalb muss die Gesellschaft bereit sein, bei der Auswahl und Bestimmung ihrer Architektenschaft für öffentliche Bauten grosse Mühe aufzuwenden. Und neue Architekturprojekte im öffentlichen Raum gilt es, äusserst kritisch zu prüfen.

 Louis Kahn, südlicher Platz, Parlamentsgebäude, Dhaka

Die Stadt ist die physische Manifestation einer wachsenden Gesellschaft. Städte werden, wenn Menschen zusammenkommen, um die Vorteile ihrer Institutionen, Einrichtungen und Kultur zu nutzen. Sie kommen, um Handel zu treiben, um zu lernen, um zu erfinden und um sich zu verlieben. Städte repräsentieren die stärkste Energie menschlicher Bestrebungen, und sie sind das Archiv unseres kollektiven Gedächtnisses. Städte sind die Früchte der Zivilisation, die Speerspitze der zukünftigen Menschheitsgeschichte.

Städte existieren, weil es Architektur gibt. Jenseits des Phänomens Architektur ist Stadt nicht denkbar.

Die physische Stadtkarte setzt sich aus einer Gesellschaft von Gebäuden zusammen. Zwischen den Gebäuden verlaufen die Strassen, und zwischen den Strassen liegen die Parks. Eine Stadt beklagt ihre Zersiedelung ebenso, wie die dort lebenden Menschen den Verlust ihrer Freiflächen beklagen.

Das grösste Kapital einer Stadt sind nicht ihre Gebäude, sondern ihre öffentlichen Räume. Der einzige Weg, Gebäude in einer Stadt lebenswert zu erhalten, ist, öffentliche Räume grosszügig zu gestalten.

Der öffentliche Raum ist die Lunge des Gemeinwesens.

Öffentliche Räume sind ein Ausdruck der Kultur der jeweiligen Gesellschaft. Sie spiegeln das Wesen der dort lebenden Menschen wider und sagen etwas über ihre Zukunft aus. Deshalb versammeln sich die Menschen gerne in diesen Räumen, um zu sehen und gesehen zu werden, um zu hören und gehört zu werden.

Insofern überträgt die Gesellschaft der Architektenschaft mit der Gestaltung ihrer öffentlichen Räume eine grosse Verantwortung.

Oftmals betrachten wir öffentliche Räume und Grünflächen als Negativ zum Positiv. Verstehen wir also die Gebäude als Masse – als das Positiv –, so stellen die städtischen Zwischenräume die Leere dar – das Negativ. Doch hier sollten wir umdenken. Lasst uns die Gestalt unserer Städte vom öffentlichen Raum her entwickeln und die Lücken dazwischen mit Gebäuden und Einrichtungen füllen. Auf diese Weise können wir uns unserer Prioritäten versichern: In einer Stadt hat die Architektur für die öffentlichen Räume Sorge zu tragen und die öffentlichen Räume dienen ihren Bürgerinnen und Bürgern.

Warum unterscheiden wir so deutlich zwischen Stadtplanung und Architektur? Sie sind ein und dasselbe. Räume bilden ein Gebäude, Gebäude fügen sich zusammen, um Aussenräume und Parks zu definieren und die Strassen in einer Stadt zu begrenzen. Natürlich ist es viel komplexer, und Planungsunterlagen und Vermessungen helfen der Architektenschaft bei ihrem Entwurf. Architektinnen und Architekten meistern die Form und Räume sowie auch die Art und Weise, wie diese sich auf die jeweilige Kultur auswirken, sie beeinflussen. Holt sie zurück, um eure Städte zu entwerfen, und ihr werdet die Städte eurer Zukunft bekommen.

Geist und Spiritualität

Spiritualität ist Teil des menschlichen Wesens. Ich meine damit nicht nur die Spiritualität des irdischen Lebens oder Glaubens eines Menschen, sondern vielmehr die Spiritualität eines Landes und seiner Kultur. Indien ist durchdrungen von Spiritualität.

Yoga ist ein spiritueller Akt.

Was hat es mit dem Himalaya auf sich, dass er die Menschen zum Yoga gebracht hat? Der Geist des Himalayas steckt im Yoga, wir müssen uns aber nicht unbedingt im Himalaya aufhalten, um es zu praktizieren. Auch gehört Yoga nicht der indischen Bevölkerung – es war ein Geschenk an die Welt.

Wer Yoga allerdings nur als physischen Akt betrachtet, dem wird sich seine wahre Essenz nicht erschliessen. Es richtet sich gleichermassen an die Seele wie an den Geist.

Der Yogi sehnt sich stets danach, in den Himalaya zurückzukehren.

Der Ganges ist kein Fluss, der Ganges ist ein spirituelles Wesen. Er gehört nicht der Welt, sondern jenen, die ihn verehren. Und den Ländern, durch die er fliesst.

Rajasthan ist kein Bundesstaat. Es ist der Geist der Wüste, Gestalt geworden in der menschlichen Kultur. Die Architektur Rajasthans ist von der Spiritualität dieses Landes durchdrungen.

Das Pantheon in Rom ist zeitlos. Nicht aufgrund des Dekors, der Ornamente oder irgendwelcher architektonischer Elemente. Zeitlos ist vielmehr der daraus resultierende Geist. Der Oculus in der Kuppel gemahnt an das erste Mal, als der Mensch seinen Blick zum Zenit erhob und über den Himmel, seine Existenz und seine Sterblichkeit nachdachte. Wir haben es hier mit der bedeutendsten Kuppel der Architekturgeschichte zu tun – alle anderen leiten sich von ihr ab, ihr Einfluss überdauert alle Zeit.

Der Geist des Pantheons ist allgegenwärtig.

Ein vergleichbarer Geist wohnt unserer althergebrachten Architektur inne. Der Kailasa-Tempel in Ellora ist zeitlos. Er wurde nicht von Menschenhand erschaffen, sondern entdeckt, indem man die Erde aufbrach und alles Unnötige entfernte, um seine Formen und Schatten dem Sonnenlicht auszusetzen. Er ist der Inbegriff des allgegenwärtigen Geistes indischer Architektur.

Ich werde das nicht weiter ausführen, sondern wünsche mir, dass auch jene Architektur, die wir schaffen, vom Geist der Ewigkeit berührt wird.

Architekturschaffende begeben sich nicht auf eine Mission, sondern auf eine Reise – des Lernens und der Sammlung von Erfahrungen –, die ihnen eine Vielzahl an kreativen Projekten unterbreitet. Und auf Basis der jeweiligen kulturellen Prägung, der jeweiligen Inspiration werden die Gedanken und die eigene Arbeit destilliert, bevor sie zu Tage treten. Architekturschaffende lernen mehr, als sie jemals erschaffen können – und heute habe ich einige meiner Erfahrungen mit euch geteilt.

Architektur ist auf allem anderen gebaut denn auf Worten.

Bildnachweis

Alle Fotos stammen von Kashef Chowdhury, ausser:
Cover: Ruinen in Agarpur, Barisal: Hélène Binet
Seite 25: Friendship Centre, Gaibandha: Hélène Binet
Seite 31: Friendship Hospital, Satkhira: Hélène Binet
Seite 33: Kloster Vasu Vihar, Bogra, 7.–8. Jahrhundert n. Chr.: Hélène Binet
Seite 49: Srihatta – Samdani Art Foundation, Sylhet: Niklaus Graber
Seite 51: University of Liberal Arts, Dhaka: Asif Salman
Seite 55: Friendship Centre, Gaibandha: Hélène Binet
Seite 59: Satellitenklinik, Mongla: Asif Salman
Seite 61: Friendship Centre, Gaibandha: Hélène Binet
Seite 63: Concrete Mosque, Chittagong: Hélène Binet
Seite 67: Haus in Agarpur, Barisal: Limon Khan
Seite 73: Concrete Mosque, Chittagong: Hélène Binet
Seite 75: Glaslabyrinth, Venedig: Eric Chenal
Seite 77: Abahani Sports Club, Dhaka: Hélène Binet
Seite 81: Red Mosque, Keraniganj: Hélène Binet
Seite 89: Boa Nova Tea House, Matosinhos: Niklaus Graber
Seite 99: Monument of Independence, Dhaka: Shakil Ibne Hai
Seite 101: Friendship Hospital, Satkhira: Hélène Binet
Seite 115: Cyclone Shelter, Kuakata: Hélène Binet

Alle Projekte stammen von Kashef Chowdhury / URBANA, mit Ausnahme von: Pavilion Apartment, Monument of Independence und Museum of Independence (Kashef Chowdhury und Marina Tabassum – URBANA).

Dank

Kashef Chowdhury dankt dem verstorbenen Mobashsher Hossain für sein Beharren auf dem Vortrag im Rahmen der Commonwealth-Konferenz.
Sein Dank gilt zudem Shirish Beri für seine Einladung und sein Bestehen darauf, dass er den Hauptvortrag auf der Konferenz in Kolhapur hält.
Danke, Niklaus, für die unermüdliche Unterstützung. Und nicht zuletzt danke an Linus für seine Offenheit und an Ladina und Beat für ihre kreative Entfaltung.

Impressum

Diese Publikation wurde durch die grosszügige Unterstützung von Marc Elvinger ermöglicht.

Autor: Kashef Chowdhury
Projektleitung: Quart Verlag Luzern – Linus Wirz
Übersetzung Englisch–Deutsch: Miriam Seifert-Waibel, Hamburg
Lektorat: Niklaus Graber, Luzern
Lithos: Printeria, Luzern
Lithos Umschlagsbild: Georg Sidler, Schwyz
Gestaltung: BKVK, Basel – Ladina Ingold, Beat Keusch
Schrift: Happy Times von Lucas Le Bihan (Velvetyne Type foundry)
Papier: Kamiko Fly, 120g/m²
Druck und Bindung: DZA Druckerei zu Altenburg GmbH

ISBN 978-3-03761-302-3

Ebenfalls publiziert in Englisch / This book is also published in English (ISBN 978-3-03761-292-7)

Der Quart Verlag wird vom Bundesamt für Kultur für die Jahre 2021–2024 unterstützt.

Quart Verlag GmbH
Denkmalstrasse 2, CH-6006 Luzern
books@quart.ch, www.quart.ch